martine

mes merveilleuses histoires

Casterman
Rue Haute 139
1000 Bruxelles
Belgique

www.casterman.com

ISBN : 978-2-203-25211-0
N° d'édition : L.10EJCN000727.N001

D'après les personnages créés par Gilbert Delahaye et Marcel Marlier.
Mise en page : Isabelle Dumontaux

Achevé d'imprimer en mai 2024, en Chine par RR Donneley King Yip Printing & Packing Factory Ltd, Daning Administrative District | Humen Town | Dongguan | Guangdong Province | 523930 | PRC
Dépôt légal : octobre 2024 ; D.2024/0053/244
Déposé au ministère de la Justice, Paris (loi n°49.956
du 16 juillet 1949 sur les publications destinées à la jeunesse).

FSC
www.fsc.org
MIXTE
Papier | Pour une gestion forestière responsable
FSC® C144853

Gilbert **Delahaye** ◆ Marcel **Marlier**

martine

mes merveilleuses histoires

casterman

Sommaire

martine
au pays des contes

Texte de Jean-Louis Marlier

– Patapouf! appelle Martine, allongée sur son lit. Regarde le beau livre que maman et papa m'ont offert!

«Ouaf! Ouaf!» fait le petit chien comme pour dire : «S'il te plaît, lis-le moi!»

– J'ai si sommeil... bâille la fillette. Mais je veux bien te raconter le début.

Il était une fois un petit oiseau tout doré. Seul le bout de ses ailes était d'un noir de jais. Il appartenait à l'espèce des loriots, aussi sa maman l'avait-elle appelé Lorinou. Son chant mélodieux résonnait dans toute la forêt...

Malheureusement, une sorcière vivait dans la clairière voisine. La méchante femme détestait la musique. Un jour, exaspérée par l'oisillon, elle lui lança un sortilège :

Oiseau, tu cesseras de gazouiller
car en garçonnet tu seras changé.
Oiseau, tu redeviendras
lorsque sept plumes d'or tu réuniras.

Martine se redresse lentement.

– Où suis-je ? murmure-t-elle. Je connais cette forêt… Elle ressemble à celle de mon livre de contes, à celle du petit loriot. J'entends des pleurs… Vite, allons voir !

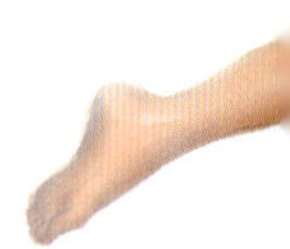

Elle se lève et bondit vers un garçon qui sanglote dans l'herbe.

« C'est Lorinou ! pense Martine. Le sortilège a donc marché… »

– Petit oiseau, ne pleure plus ! dit-elle doucement.

– Qui es-tu ?

– Je suis Martine et je connais ton histoire.
Je sais que tu recherches les plumes d'or
qui mettront fin au maléfice. Veux-tu que
nous cherchions ensemble ?

– Oh, oui ! Merci. À deux, on peut y arriver.
Allons-y ! s'écrie Lorinou.

– Regarde ces drôles d'animaux, là-bas… murmure Martine.

– Ce sont des licornes ! indique Lorinou.

Martine est émerveillée. Elle s'approche doucement et caresse le poulain. Son crin est doux comme de la soie…

Mais elle n'oublie pas sa mission pour autant.
– Il faut trouver les sept plumes !
Justement, quelque chose scintille au creux d'une branche : on dirait la première plume.
– La seule solution pour l'atteindre, dit la fillette, c'est d'avancer en équilibre sur cet arbre, comme des funambules...

Les amis cheminent très prudemment, en prenant garde de ne pas regarder en bas, dans les profondeurs du ravin.
Encore quelques pas... Enfin, ils l'attrapent !

Un peu plus loin, Martine et Lorinou aperçoivent un chat géant qui somnole.

– Regarde, dit le garçon, la deuxième plume est là ! Il faut l'attraper sans faire tinter les grelots, car ce chat est un glouton. Il en mangerait dix comme nous.

– Depuis ce rocher, nous pourrons l'approcher, chuchote Martine. Tends le bras, je te tiens.

– Brrr ! Les chats, ça me hérisse toujours les plumes…

– Tout est bleu, ici... constate Martine. Les arbres, l'herbe, les animaux…

– C'est à cause du loup, explique Lorinou. Pour lui échapper, il faut se fondre dans le décor…

– Le loup ? Où ça ? Mais oui, dans les branches ! Vite, filons !

Les deux amis arrivent devant un magnifique château.

– Oh ! Juste comme dans mes rêves ! s'émerveille Martine.

– … comme dans tes cauchemars, plutôt ! proteste le vieux jardinier.

– Il a raison. Ici vit la fée Carabosse, explique la princesse Aurore. On ne compte plus les enfants qu'elle a changés en grenouille, vipère ou salamandre.

– Nous devons pourtant l'approcher. Elle détient une plume d'or qui nous appartient.

– D'or, dites-vous ? Sans doute celle fixée sur ce vilain chapeau qu'elle n'enlève jamais ! Voici ce que nous allons faire : faufilez-vous discrètement près de la fenêtre ouverte et, sous un prétexte ou un autre, je vais tenter de l'y amener. Mais, je vous en conjure, qu'elle ne remarque rien, sinon… nous sommes tous perdus !

Avec beaucoup de sang-froid, la princesse tient parole et, sans un bruit : couic ! Lorinou coupe la plume qui dépasse de la coiffe !

De retour dans la forêt, Martine et Lorinou entendent le son d'une flûte.

– Des petites fées ! s'écrie la fillette. Comme elles sont jolies…

– Jolies… et serviables ! ajoute Lorinou. Regarde ce qu'elles nous apportent !

– La quatrième plume ! Merci !

La reine des fées sourit avec un air malicieux. D'un geste, elle ordonne aux fées d'emporter les enfants jusqu'au sommet des grands arbres…

– La cinquième plume, s'écrie Lorinou. Je la tiens!

– C'est tellement gentil de nous avoir aidés, dit Martine. Comment vous remercier? Je pourrais peut-être vous faire un gâteau à la gelée royale en rentrant chez moi?

– Les fées ne se nourrissent que de nectar de fleur et de rosée, corrige son ami en riant. Tu n'as pas lu ça, dans ton livre de contes?

Après les cimes des arbres, les amis se retrouvent au fond de l'océan !

– La sixième plume est cachée dans ce grand coquillage… explique Lorinou. La plage de sable blanc et les palmiers, là-bas, c'est l'île au trésor ! Les pirates des sept mers sont venus y déposer des coffres pleins de bijoux et de pièces d'or.

– L'endroit idéal pour cacher la dernière plume ! se réjouit Martine.

Mais les enfants ont beau fouiller,
pas de plume...
– Tout est perdu, se désole Lorinou.
Plus jamais je ne serai un oiseau !
– Ce n'est pas fini ! crie Martine.
La sorcière a triché, je suis certaine
que c'est elle qui a la septième
plume... Connais-tu quelqu'un
de grand et fort qui pourrait
nous aider ?

Lorinou retrouve le sourire : son plan est prêt.
Les amis se rendent alors au refuge de la sorcière.
– Sorcière ! crie Martine. Lorinou a trouvé les sept plumes d'or !
– Menteuse ! rugit-elle. La septième, regarde, c'est moi qui l'ai !
La reine des fées n'attendait que ce geste pour arracher la plume des griffes de l'horrible créature.

Au même moment, un ogre surgit de derrière la cabane
et avale d'un seul coup la vieille et son balai !
– Beurk… dit-il en faisant la grimace. Cette sorcière
a mauvais goût !
Lorinou danse de joie.
– Bravo Garabouf, mon grand ami à l'appétit géant.
Tu nous as débarrassés de cette affreuse femme.
Et merci aussi à toi, petite fée !

Lorinou se tourne alors
vers Martine, mais…
Les sept plumes
sont réunies, et le voilà
qui redevient oiseau.
Il s'envole alors et
remercie son amie
de son chant cristallin,
plus joli que tous
les mots.

– Patapouf ? fait Martine en se frottant les yeux. Mais…
Où est Lorinou ?
Le chien saute joyeusement sur le lit. Alors, la fillette comprend.
– J'ai rêvé que j'étais dans le conte ! Quel voyage merveilleux…
« Ouaf ! Ouaf ! » fait Patapouf, comme s'il voulait lui dire :
« La prochaine fois, emmène-moi avec toi ! »

martine
et les fantômes

Texte de Jean-Louis Marlier

« AAAAAAAAAAAH ! Des fantômes ! Partout autour de mon lit ! »

Martine se débat et se réveille en sursaut.

Aussitôt, elle allume la lumière… Personne !

– Brrr ! fait-elle. Quel horrible cauchemar !

En décorant le sapin, Martine raconte son rêve à ses parents.

– J'aurais préféré recevoir la visite d'une fée ou d'un ange ! Alors que les fantômes, ça fait peur… Imaginez qu'ils reviennent ce soir !

– Les fantômes n'existent que dans les livres et les films, assure sa mère. Ne t'inquiète pas.

Mais Jean proteste.

– Bien sûr que si, ils existent ! Seulement, ils ne se montrent qu'aux enfants...

– Ne dis pas de bêtises, réplique son père. Tu vas faire peur à ta sœur.

Mais, dès qu'il se retrouve seul avec Martine, Jean se jette sur elle en poussant un cri lugubre :

« HOUUUUUUU ! »

– Arrête ! s'écrie Martine. Tu effraies même Patapouf !

Ce soir, papa et maman rendent visite
à un ami, et Jean est au judo.
Martine est déjà restée seule à la maison,
mais, cette fois, à cause de son rêve,
elle n'est pas très rassurée.
«Vraiment, pense-t-elle,
je n'aime pas
ce silence...»

Heureusement, Patapouf est là !

– Grâce à toi, je n'ai aucune raison d'avoir peur. Tu n'es pas gros, mais tu fais un excellent un chien de garde !

« Ouaf ! Ouaf ! » confirme le petit chien.

– Surtout, tu sais me faire rire et me réconforter ! ajoute la fillette en le câlinant.

Soudain…
Drrrring ! Drrrring ! Drrrring !
– C'est sûrement Jean, pense Martine. Il a dû oublier ses clés.
Mais quand elle ouvre la porte… personne !
Martine se penche à gauche et à droite tandis qu'un vent glacial s'engouffre dans la maison et la fait frissonner.

– Ça alors, je me demande qui a pu sonner…
Ce serait une erreur ?
À une heure pareille ?

Au moment où elle referme
la porte, d'étranges grattements
parviennent du grenier.
Martine inspire un grand
coup et prend son courage
à deux mains.
– Puisque papa et maman
sont sortis, je suis responsable
de la maison.
Je dois aller voir...
Arrivée en haut de l'échelle,
elle fait un signe à Patapouf :
– Chut ! Pas un bruit !
Tout doucement, elle soulève
la trappe...

– Ce sont des souris ! souffle la fillette. Des petites souris de rien du tout… Elles ont trouvé un panier de noix ! Les rongeurs font un véritable festin. Certains se régalent pendant que d'autres jouent avec les coques comme si c'étaient des ballons.
– Ouf ! soupire Martine. Je préfère ça…

Mais soudain, c'est l'alerte !

Toutes les souris lèvent la tête…

De quoi ont-elles peur ?

D'un vrai fantôme, cette fois-ci ?

C'est une chouette effraie qui fonce vers elles ! Prises de panique, les petites bêtes détalent et se faufilent dans un trou du plancher… Juste à temps !

– La fenêtre était restée ouverte ! s'écrie Martine. Voilà comment la chouette est entrée… Il s'en passe des choses au-dessus de nos têtes… Allons, la chouette, dehors ! Moi, je dois refermer, et… DRRRRING ! Un nouveau coup de sonnette…

– Encore ? s'exclame la fillette.

Elle se penche et aperçoit… Jean !

– J'en étais sûre ! murmure Martine. C'est bien lui… Il veut me faire une mauvaise blague. On va voir ce qu'on va voir…

Elle file dans sa chambre.

– Il me faut un ballon, un cintre, une canne à pêche… et un drap blanc, bien sûr.

Patapouf observe sa maîtresse avec curiosité. Qu'est-ce qu'elle peut bien fabriquer ?

En quelques gestes, Martine attache le ballon au cintre et recouvre le tout du grand drap.

– Et voilà le travail ! Patapouf, je te présente notre nouvel ami Fantôme !

Le chien pousse un aboiement d'admiration.

– Maintenant, voyons qui est la poule mouillée, dans cette famille !

Jean sonne une dernière fois.

Puis, satisfait de sa blague, il se décide à entrer avec sa clé. Dans le salon, il fait tout sombre.

– Bizarre… murmure le garçon. Martine n'est pas là ?

Il traverse lentement la pièce en appelant : « Martine ? »

Et soudain…

HOUUUUUUUUHH !

Jean pousse un cri d'effroi et court vers le couloir.
Mais une silhouette blanche surgit devant lui !
– AAAAAAH ! hurle le garçon, terrorisé. UN FANTÔME !
Martine se retient de rire et agite sa canne à pêche pour faire danser le drap.

Jean se précipite dans le jardin.
– Au secours ! appelle-t-il. Il y a un fantôme dans la maison… un vrai fantôme !
Martine sourit : elle a gagné !
Elle laisse passer quelques minutes puis s'avance vers la porte. Tout de même, il neige dehors, il ne faudrait pas que son frère prenne froid… Il a déjà la chair de poule !
– Jean ! crie-t-elle. Reviens ! C'était une blague !

Le garçon rentre alors, penaud.

– Et dire que je me suis moqué de toi, que je t'ai fait passer pour une froussarde ! marmonne-t-il.

Il s'assied dans un fauteuil et repense à ce qui s'est passé.

– Quelle grosse blague ! Comment ai-je pu marcher ? En plus, les fantômes, je n'y crois pas !

Il monte se coucher, décidé à ne plus penser à ces histoires.

Mais, à peine allongé, il entend le parquet grincer.

– Hein ? Quoi ? Qu'est-ce que c'est ? s'écrie-t-il, affolé.

– Ce n'est que moi, Jean, répond Martine avec un sourire. Je voulais te souhaiter une bonne nuit… et surtout de beaux rêves !

martine

au cirque

C'est la nuit. Tout est calme.
Dans la chambre de Martine, les jouets sont rangés.
Nounours et Jeannot-Lapin bâillent. Martine, elle,
fait un rêve extraordinaire…

Elle rêve qu'elle travaille dans un cirque ! Et elle a invité tous ses amis à assister à la représentation.
Quand le public est assis, la piste s'éclaire de lumières multicolores. Martine s'avance en tenue de ballerine.
– Bienvenue au Cirque Merveilleux ! Le spectacle va commencer !

– Tout d'abord, je vous présente les clowns Pif et Paf !

– Bonjour, Martine ! dit Pif. Comment s'appelle ta poupée ?

– Elle s'appelle Lila. C'est ma poupée préférée !

– Très honoré, mademoiselle Lila ! reprend le clown en soulevant son chapeau. Je vais vous raconter une histoire : *La grenouille à grande bouche*.

Tout le monde écoute, même les artistes du cirque cachés derrière les rideaux. Il ne faut pas se faire voir du public !

– C'est trop drôle… souffle l'ours Bibou. Dur de se retenir de rire !

À la fin du numéro, Martine file se changer.
Dans les coulisses, il y a de magnifiques costumes : des robes à volants, des rubans, des vestes de toutes les couleurs…

– Je vais pouvoir m'habiller comme je veux… Et même me maquiller ! Toi aussi, Patapouf, on dirait que tu t'es trouvé une jolie tenue !

Martine est très forte en vélo. Elle roule de plus en plus vite autour de la piste.

Le clou du spectacle, c'est quand Patapouf se dresse sur le guidon… en équilibre sur les pattes avant !

– Bravo ! Bravo !

Le public crie si fort que Bibou manque de tomber de son monocycle !

Patapouf est fier de son acrobatie… mais son rêve,
ce serait de montrer ses talents en patins à roulettes !
Il s'imagine, glissant sur la piste, sous le regard
admiratif de son copain Bibou…
Ce serait un sacré numéro !

Les animaux que Martine préfère au cirque, ce sont les chevaux. Ceux du Cirque Merveilleux sont magnifiques. Le blanc s'appelle Pâquerette et le noir qui se cabre fièrement derrière, c'est Éclair.

– Assise, Pâquerette !

La jument obéit et salue de la tête.

– Bravo ! Voici un sucre pour te récompenser.

À l’entracte, Martine s’est changée pour vendre des friandises. Après toutes ces émotions, les enfants sont affamés. Il y en a même un qui lèche la glace de sa voisine !

– Je voudrais une barre de chocolat aux noisettes ! demande un garçon.

– Quel est le mot magique ?

– « S’il te plaît »... et merci beaucoup, Martine !

Un peu avant la fin de l'entracte, Martine retourne en coulisses.
Roulement de tambour ! La voilà qui réapparaît en tenue de danseuse sur un fil tendu au-dessus de la piste !
Le public retient son souffle.
« Courage ! pense Martine. Et pas un coup d'œil en bas ! »

Martine a tout juste le temps de se changer :
les éléphants sont déjà en piste !
– C'est la première fois que mon éléphanteau participe au spectacle, explique Trompette, la maman éléphant.
Il est un peu timide…
– Ne t'inquiète pas, mon petit, le rassure Martine.
Bientôt, tu grimperas sur un ballon comme ton frère !

Le numéro le plus merveilleux, c'est celui où Martine fait de la magie. Avec sa baguette, elle tapote doucement les bords d'un chapeau et en fait jaillir des foulards multicolores, puis une colombe vient se poser sur son épaule, et pour finir… un petit lapin ! Tout le monde est impressionné. Même les clowns restent sans voix !

Pif et Paf ont changé de costume. On les reconnaît à peine – surtout Pif avec son habit étoilé et son maquillage blanc.

– En avant la musique ! lance Paf, en levant son archer.

– Au clair de la lune, mon ami Pierrot… chante Pif.

– Ma chanson préférée… murmure Martine.

Place au numéro tant attendu des félins ! Mais ces lions et ces tigres n'ont rien d'effrayant... ils somnolent sous les yeux du public !

– Debout, là-dedans ! ordonne Martine en agitant son fouet. Allez, au travail ! Baja, grimpe sur ce tabouret ! Il faut montrer aux spectateurs de quoi vous êtes capables...

Ça y est, le spectacle est terminé.

– Tu t'es bien amusé ? demande Martine à son ami Arthur.

– Oh, oui ! Tiens, un bouquet de fleurs pour te féliciter !

– Salut Patapouf, dit Simon en lui nouant un ruban autour du cou. Et bravo pour tes numéros, tu es le chien le plus habile du monde !

Tous les spectateurs applaudissent : ils sont bien d'accord !

Martine rejoint Bibou, en pleine lecture devant sa caravane.

– On parle de nous dans le journal ?

– Aucune idée… avoue l'ours. Je ne sais pas lire.

– Je m'en doutais… pouffe Martine. Tu tiens ton journal à l'envers !

Le chapiteau est démonté, il est temps de dire au revoir.
Le cirque va continuer à voyager. Le public applaudit une dernière fois, et si fort… que Martine se réveille ! Elle est dans son lit, entourée de ses peluches !

– Ce n'était qu'un rêve… comprend-elle. Maintenant, debout : il faut aller à l'école ! À bientôt, Cirque Merveilleux !

martine

et la sorcière

Texte de Jean-Louis Marlier

Martine a invité Clara à dormir à la maison.

Mais, au moment de se coucher, Martine se tourne et se retourne dans son lit et ne trouve pas le sommeil.

«Je vais aller prendre l'air dans le jardin...», pense-t-elle.

Dehors, il fait nuit noire.

Clara ne tarde pas à rejoindre son amie, inquiète.

– Martine? J'ai vu que ton lit était vide...

Que se passe-t-il?

Martine hésite… puis elle explique :

– Voilà plusieurs nuits que je fais des cauchemars au sujet de notre nouvelle voisine… Elle a emménagé il y a plus d'un mois, mais personne ne l'a encore aperçue. Elle ne sort jamais de sa maison. Et on raconte de drôles de choses sur elle. Certains enfants du quartier disent que c'est une… une sorcière !

– Il n'y a qu'un seul moyen de le savoir, réplique Clara. Il faut aller voir !

Clara a raison ! Il faut percer ce mystère…
Dès le lendemain, les deux amies se faufilent dans le jardin de la mystérieuse voisine.
Cachées sous les buissons, elles observent les alentours.
Personne en vue.
– Là-bas, il y a une porte… souffle Martine. Allons voir !

À pas de loup, les filles s'approchent du grand battant en bois.

– C'est ouvert, constate Clara.

Martine passe la tête, puis se glisse de l'autre côté.

Elle reste bouche bée.

– Ça alors…

Clara et Patapouf
tendent le cou pour voir…
Une magnifique maison
se dresse devant eux.

Tout est envahi de plantes :
les murs, le toit, même l'escalier.
Les fillettes et le petit chien
s'avancent sur la pointe
des pieds vers une fenêtre…

– On dirait qu'il n'y a personne, dit Clara en regardant à travers un carreau.

– Faisons le tour pour trouver une entrée, décide Martine.

Les deux amies s'avancent jusqu'à la véranda.

Martine tourne la poignée…

– C'est ouvert !

À l'intérieur, un drôle de perroquet les observe d'un œil perçant. L'oiseau ne bouge pas d'une plume…

– C'est un faux ! comprend Martine. Il est empaillé…

Les filles s'introduisent dans le couloir. Les pièces en enfilade sont décorées de masques étranges et un peu effrayants.

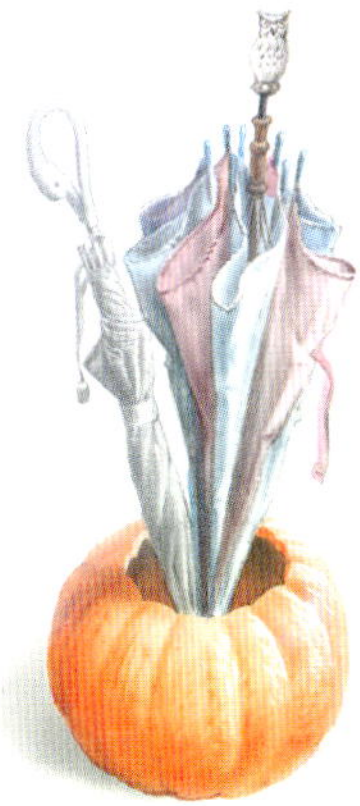

Les filles montent au premier étage. Très discrètement, elles poussent une porte du couloir.

– La salle de bains... dit Martine.

Déserte, comme toutes les autres pièces.

Soudain, elle se fige.

– Tu as vu ? murmure-t-elle, effrayée.

La baignoire est remplie...

– Et là-bas ! s'écrie Clara.

Des pieds qui dépassent du rideau de douche !

– Filons ! lance Martine.

Les deux amies prennent leurs jambes à leur cou !

Elles dévalent l'escalier.

Dans le salon, deux chats noirs somnolent.

– L'oiseau empaillé, ces masques bizarres, les chats noirs et toutes les drôles de choses qui se passent ici… souffle Martine. Maintenant, j'en suis certaine : notre voisine est bien une sorcière !

Les deux filles s'élancent vers la sortie. Mais en passant devant une porte ouverte, Martine s'immobilise.

– Regarde dans cette chambre, dit-elle. Une coiffeuse, comme au théâtre, et des produits de maquillage. Quel drôle de matériel, pour une sorcière…

– Et cette odeur, qu'est-ce que c'est ? ajoute-t-elle en reniflant.

Martine et Clara s'avancent vers la cuisine.

Un chaudron trône sur la table, laissant échapper un filet de vapeur.

– La sorcière prépare une potion maléfique, murmure Clara en soulevant le couvercle.

– N'y touche pas, prévient son amie. C'est peut-être empoisonné…

Soudain, une ombre
surgit !
– Que faites-vous
chez moi ?
Martine et Clara
sursautent et poussent
un cri.
– Pardon, madame…
répondent-elle en
tremblant comme
des feuilles.
On cherchait, euh…
On voulait juste…

– Oui ? hurle la sorcière. Quelle est votre excuse ?

– On est désolées, on allait partir, bredouille Martine.

Ne nous faites pas de mal !

– Pas de mal ?! répète l'autre en agrippant

la fillette par la manche.

Clara en profite pour se sauver.

– Ne t'inquiète pas, Martine,

promet-elle en sautant par la fenêtre.

Je vais chercher du secours !

La sorcière entraîne Martine devant le chaudron et y plonge une cuillère.

– C'est ce mélange qui t'intrigue tant ? demande-t-elle. Eh bien, tu n'as qu'à le goûter !

Terrifiée, Martine se débat et tente de garder la bouche fermée, mais elle est contrainte d'avaler le breuvage…

… Ça alors, ça a le goût de pommes et de prunes !

– Ce n'est pas
une potion
maléfique ?!
s'exclame la fillette.
– Bien sûr que non,
répond la femme.
C'est de la confiture !
Faite avec les fruits de
mon jardin. Tu m'avais
prise pour une sorcière ?
– Oui, répond Martine,
un peu gênée. C'est que vous ressemblez à… à…
– C'est parce que je suis comédienne, explique la voisine.
C'est juste un rôle pour lequel je m'entraîne, tu sais.

Tout s'éclaire !

Martine a envie de rire.

– Je répète toute la journée, explique la jeune femme. Voilà pourquoi on ne s'est encore jamais croisées, toi et moi. Et pendant mes pauses, je cuisine ! Je peux t'offrir un pot de confiture ?

– Quelle drôle d'histoire ! commente Martine en souriant.

Quand elle retrouve Clara, dehors, Martine lui explique tout.

– La voisine est actrice. Elle porte un costume, rien de plus !

– Et dire qu'on est entrées chez elle en cachette !

– On pourrait aller la voir au théâtre pour se faire pardonner. Tu ne devineras jamais le nom de son spectacle… Il s'appelle : *La sorcière préférée des enfants* !

martine

princesses et chevaliers

Texte de Jean-Louis Marlier

Martine, ses amis et sa famille sont très occupés, et ils ne sont pas les seuls. Quelle animation ! Aujourd'hui, le village célèbre la Journée médiévale : jusqu'à ce soir, les rues, les maisons, les boutiques, et même les habitants sont aux couleurs du Moyen Âge. Tout le monde participe aux préparatifs : le boucher, le facteur, le médecin, le boulanger... Et ça tombe bien car il y a du pain sur la planche !

Dans la salle des fêtes, les couturières s'affairent : chacun aura son costume et il en faut de toutes les tailles, pour les petits comme pour les grands.
Soudain, le papa de Martine apparaît avec une perruque et une drôle de tenue.

– Je ne suis pas trop ridicule, avec ces poulaines et ce pourpoint ? s'inquiète-t-il.

– Ces… quoi ?

– Ces chaussures et ce justaucorps, si tu préfères…

Martine se retient de rire. Sa mère l'appelle au même moment :

– Ta robe de princesse est terminée, ma chérie. Viens l'essayer !

Fière de sa jolie robe, Martine rejoint ses amis dans le chariot bâché et décoré.

– En route pour remonter le temps ! lance-t-elle.

Les enfants ouvrent de grands yeux. Il n'y a pas une voiture, pas un vélo, pas une trottinette. On n'entend pas les habituels bruits de klaxon, de moteur… seulement les sabots des chevaux qui martèlent les pavés.

C'est tellement impressionnant que même Patapouf en reste muet !

L'attelage franchit le porche de pierre à l'entrée du village.
On se croirait vraiment au Moyen Âge ! Tous les passants sont déguisés. On voit encore un sens interdit... mais la boulangère le fait vite disparaître sous un drap.
– À l'époque, ce genre de panneau n'existait pas, explique Martine à Patapouf.

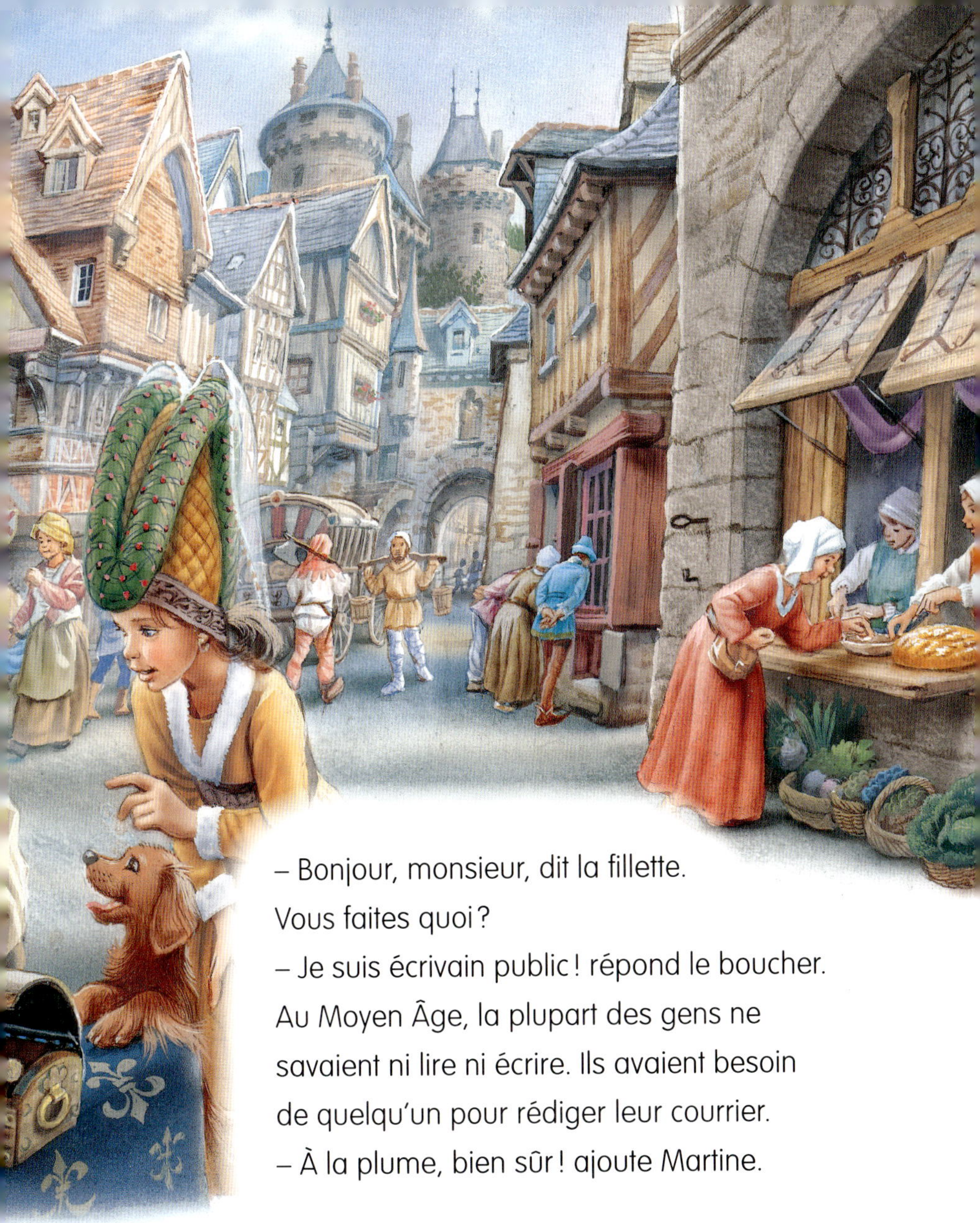

– Bonjour, monsieur, dit la fillette.
Vous faites quoi ?
– Je suis écrivain public ! répond le boucher.
Au Moyen Âge, la plupart des gens ne savaient ni lire ni écrire. Ils avaient besoin de quelqu'un pour rédiger leur courrier.
– À la plume, bien sûr ! ajoute Martine.

Un marché d'artisanat s'est installé dans le parc.
On y vend des poteries et des tissus.

– Monsieur Bernard ? dit-elle en apercevant le banquier.
Je vous ai à peine reconnu !

– Eh oui, j'ai remplacé mon costume-cravate par cet habit de potier… Moi qui ai toujours aimé travailler la glaise, autant en profiter !

– Oh ! Pardon, monsieur… dit Martine en trébuchant sur une armure.

– À qui parles-tu ? demande Camille. Il n'y a personne là-dedans !

– C'est moi qui ai apporté cette cuirasse, intervient le facteur, pour montrer aux enfants l'équipement des chevaliers !

Derrière eux, on entend de grands cling ! clang ! C'est un forgeron qui tape sur son enclume pour fabriquer un heaume !

– Bien le bonjour, gente damoiselle !
dit une voix derrière Martine.
– Antoine ! s'écrie-t-elle.

Elle est ravie de retrouver son copain de classe… déguisé en prince !

– Ta robe est magnifique… dit le garçon. Idéale pour le bal ! Je t'emmène ?

Martine répond par un sourire et son ami l'entraîne dans le cercle de musiciens.

– M'accordez-vous cette danse ? demande-t-il.

– Avec plaisir !

Tous deux virevoltent sous les yeux du seigneur et de ses courtisans.

Soudain, les deux amis entendent une voix :

– Oyé, oyé ! Nous cherchons de nouveaux archers !

– Nous ! Nous ! répondent les enfants.

Pas facile à tendre, cette corde !

La flèche d'Antoine prend son envol…

et atteint presque la cible.

Quant à celle de Martine… hum… il vaut mieux parler d'autre chose.

Plus dangereuses encore que les flèches… les épées ! D'ailleurs, les enfants n'ont pas le droit d'y toucher. Martine, Antoine et sa petite sœur observent le combat. Clang ! Bling !

– Je sais que c'est pour rire, souffle Martine, mais quand même… Pourvu qu'ils ne cognent pas trop fort !

Les jeux d'adresse ! Voilà une activité amusante et sans danger !

Les balles et les bobines de diabolo volent dans les airs.

– Attention la tête ! crie Antoine qui essaie de jongler.

– Avec deux balles, c'est simple ! réplique Martine.

Mais avec trois, c'est une autre histoire !

– Tiens, un tournoi de joute équestre… dit Antoine. Je vais essayer ! Martine, veux-tu bien attacher un ruban sur ma lance pour me porter chance ?

Il monte en selle, lance son cheval au galop… et touche le bouclier du premier coup ! Le porte-bonheur de Martine a parfaitement fonctionné !

La nuit est tombée mais la fête continue.

– Les émotions, ça creuse, dit Martine.

– Justement, dit Mme Martin, habillée en paysanne, je prépare un cochon de lait à la broche : une recette du XIIIe siècle !

Le feu crépite. Sa belle lumière caresse les visages.

Et ça sent tellement bon !

Après le dîner, les enfants, rassemblés en demi-cercle, écoutent des histoires médiévales.

– Damoiselles et damoiseaux ! commence le jeune poissonnier, déguisé en troubadour. Je viens vous conter le récit du goupil nommé Renart et de son malheureux cousin le loup Ysengrin…

– Je ne comprends rien… chuchote Antoine.

– Il dit qu'il va raconter la fable du renard et du loup… explique Martine à voix basse. Mais avec des mots du Moyen Âge ! Tu connais le *Roman de Renart* ?

La fête bat son plein !
Les villageois trinquent et discutent à la lueur des bougies.
Soudain une immense flamme s'élève dans le ciel…
« Ouaf ! Ouaf ! » aboie Patapouf, effrayé.
– N'aie pas peur, dit Martine. Ce sont des cracheurs de feu, pas des dragons. Que c'est beau, toutes ces étincelles… le clou du spectacle !

La Journée médiévale est bientôt terminée…

– Et dire que demain, tout sera comme avant… soupire Antoine, un peu triste.

– N'y pense pas ! conseille Martine. Tant que la fête continue, c'est toujours le Moyen Âge… Alors santé, cher damoiseau !

martine

se déguise

Ce matin, le facteur apporte une lettre pour Martine.

– Clara m'invite à son anniversaire ! s'écrie-t-elle, ravie. Et c'est une fête costumée. Quelle merveilleuse idée !

Martine est tellement contente qu'elle sautille en chaussons dans le jardin !

« En quoi je vais me déguiser ? se demande-t-elle.
En fée, en princesse, en chat, en clown, en vétérinaire ? »
Le choix est difficile. Martine hésite.
– Je sais ! Je vais demander à Sylvie !
Elle est costumière : d'habitude, elle fabrique des habits pour les acteurs de cinéma ou de théâtre…
Mais elle aura peut-être un petit déguisement pour moi ?

Dès le lendemain, Martine et sa maman se rendent à l'atelier de Sylvie. Sur de grands établis sont posés des tissus de toutes sortes : de la soie et du satin, de fines dentelles et des cotons imprimés, du tulle vaporeux, du velours lourd et soyeux…

– Il y a plein de monde… constate la fillette. Que font tous ces gens ?

– Ce sont les couturiers : ils fabriquent les modèles que j'imagine et que je dessine, explique Sylvie. Puis, ils les font essayer aux mannequins.

Martine est très impressionnée… Et même un peu intimidée ! Alors, sa maman se charge d'expliquer :
– Ma fille souhaiterait un déguisement pour un anniversaire. Aurais-tu une idée ?
– Que dirais-tu d'un costume de coccinelle, de papillon, de princesse ou de jonquille ?
– Une jonquille ! s'exclame maman. Ce serait original !
– Je préférerais m'habiller en princesse… avoue Martine.

– Si je te prêtais les deux ? suggère Sylvie en l'emmenant au fond de l'atelier. Voici la robe de princesse. Elle te plaît ?

– Elle est magnifique… murmure la fillette en l'embrassant pour la remercier. Surtout la ceinture de perles !

– Tant mieux. Je donnerai l'habit de jonquille à ta maman, et tu feras des essayages chez toi.

– Maintenant, que diriez-vous d'une petite tasse de thé ? propose Sylvie.

Un comédien se joint à elles. Il porte un costume de marquis et raconte mille anecdotes amusantes. Martine l'écoute avec bonheur : ce monsieur est un spectacle à lui tout seul !

Vite, vite, à la maison maintenant !
Martine file dans sa chambre
pour essayer ses costumes.
– D'abord, la jonquille… décide-t-elle.
Elle enfile le collant, le justaucorps
à collerette, même un chapeau
en forme de pétales !

– Pas mal ! Maintenant, la belle robe…
Pour commencer, elle attache deux coussins autour de sa taille pour faire gonfler le jupon. Puis elle enfile la robe. Une fois costumée, elle s'admire dans le miroir. Elle esquisse une révérence, et le satin brille et ondule.

– J'adore !

Martine danse et virevolte.
– Regardez tous, voici la reine du bal !
Soudain, elle baisse les yeux et aperçoit… un trou !

« Le tissu s'est déchiré ! s'affole Martine. Comment ai-je fait ça ? Je dois le recoudre... sinon Sylvie pensera que je ne prends pas soin de ce qui m'est prêté ! »
Elle file chercher la boîte à couture... puis elle tente de se rappeler comment mamie raccommode les vêtements.
« Je sais ! On pique au-dessus, et en dessous... au-dessus, et en-dessous... Comme ça ! Moustache, laisse-moi travailler ! »
Martine est très concentrée.

Mais ce n'est pas si facile… L'ourlet est tout froissé, le fil fait des bosses et Martine se pique avec l'aiguille.

Sa maman entre à ce moment.

– Alors, tu as choisi ton costume ? demande-t-elle.

Vite, Martine cache la boîte à couture.

– Je les ai essayés tous les deux mais aucun ne me va… répond-elle sans réfléchir. Je les rapporterai à Sylvie.

Dès le lendemain, Martine retourne à l'atelier.
À l'entrée, il n'y a personne. D'après les voix,
toute l'équipe est à l'étage.
« Si je laissais les costumes ici ? songe la fillette.
Au moins, je n'aurai pas à m'expliquer… »
Elle pose le paquet
sur une table…
et se sauve !

Dans la rue, les jours suivants, Martine est très gênée : elle a peur de croiser Sylvie.

«Je n'oserai jamais lui dire que j'ai déchiré la robe...» se dit-elle sans arrêt.

– Martine ! Martine !

La fillette se retourne... C'est Clara qui passe en voiture !

– Monte, on te ramène chez toi !

Martine grimpe à côté
de son amie.
– Alors, tu as trouvé
ton déguisement pour
mon anniversaire ?
– Pas encore…
Martine a tellement honte qu'elle
reste silencieuse jusqu'à la fin du trajet, sous le regard
inquiet de son amie.
« Je ne peux plus garder ce secret… se dit-elle en
traversant le jardin. Je vais tout raconter à maman ! »

Mais avant qu'elle ne prenne la parole, sa mère annonce :

– Sylvie a téléphoné.

Martine pâlit.

– Elle voulait te remercier pour ta surprise. C'était très gentil de ta part d'avoir recousu le trou dans la robe de princesse ! L'ourlet était déchiré depuis plusieurs semaines, et Sylvie n'avait pas encore eu le temps de le réparer.

Martine n'en revient pas.

– La robe était déjà trouée ? Je pensais que c'était ma faute !

– Vraiment ? Mais enfin, Martine, tu n'as pas entendu ce que disait Sylvie pendant le goûter ?

La fillette essaye de se rappeler…

– Non, j'écoutais le marquis. Il était si drôle, avec ses grands airs !

– Il y a un mois, Sylvie a prêté la robe à une jeune actrice, explique maman, mais la jupe était trop longue et la comédienne a marché sur l'ourlet. Sylvie promettait de le recoudre si tu choisissais ce costume !
Martine reste silencieuse un instant…
Puis elle éclate de rire !

Quel soulagement !
Martine et sa maman se regardent en souriant.
– Mais il reste encore une question… En quoi te déguiseras-tu pour l'anniversaire de Clara ?
– En vétérinaire ! Avec une chemise blanche pour faire la blouse, le faux stéthoscope de Jean… et surtout, j'emmènerai mes deux petits patients : Moustache et Patapouf !

martine
l'arche des animaux

Martine passe le week-end chez son cousin Yann.

Avec lui, pas de balançoire ou de bac à sable dans le parc voisin, il n'aime que la vraie nature et la forêt sauvage.

– Si la tempête veut bien s'arrêter de souffler, annonce-t-il, demain je te montrerai des biches, des écureuils et même des sangliers !

– Tout va bien ? s'inquiète maman au téléphone.

– Oui, répond Martine. Il y a une grosse tempête, mais la météo annonce que ce sera terminé demain. La journée sera belle et on pourra se promener.

« Impossible de dormir avec ce vacarme… »
pense Martine, tard dans la nuit.
Dehors, le vent fait claquer les volets, la maison vibre comme si elle voulait se soulever.

– Yann ! dit Martine, tremblante.

Mais rien à faire, son cousin dort à poings fermés…

« Si lui n'a pas peur, moi non plus ! se dit la fillette. Je vais me blottir dans mon lit et rêver à tous les animaux que nous verrons demain. »

Le lendemain matin,
le ciel est tout bleu.
– La météo avait raison !
se réjouit Martine.
– Prête pour la balade ?
– Oui ! J'emporte mes
jumelles !
À peine sortis,
les cousins aperçoivent
une forme derrière
les buissons.

– Là-bas ! fait Yann.
– C'est une biche ? questionne
Martine avec espoir.
– Non, j'aperçois une corne…
Un sanglier, peut-être ?
Martine s'accroupit
et scrute le sous-bois
avec ses jumelles.

– Ça alors ! s'écrie-t-elle soudain.

– Qu'est-ce que tu as vu ?

– Un animal énorme…
avec deux cornes !

Son cousin prend les jumelles.

– Pas possible… souffle-t-il
en pâlissant. Vite, Martine,
il faut s'éloigner !

Mais la fillette, intriguée, le retient.
– Attends, dit-elle, je veux le regarder encore…
Oui, c'est bien un rhinocéros ! Incroyable !
– Je me demande pourquoi il ne bouge pas…
murmure Yann.
– Regarde ses pattes ! Il s'est enfoncé dans la boue.
– Mieux vaut quand même s'éloigner. Suis-moi !
Et les deux cousins s'enfuient, encore stupéfaits
de leur découverte.

Au bout d'un moment, Yann sort une carte et une boussole.

–En suivant ce chemin, on trouvera la maison du garde forestier. Il faut lui signaler ce qu'on a vu.

–Justement, une voiture !
C'est peut-être lui ?

Martine s'élance vers le véhicule.

–Monsieur le garde ! Aaaaah !

À la place du conducteur, Martine tombe nez à nez avec… un gorille !

– Tu voulais me parler ? demande une voix quelques mètres plus loin.

Martine se retourne. Le garde forestier ! Et dans ses bras… un énorme lion !

– La tornade de la nuit dernière a détruit le décor du plateau de tournage, explique l'homme. Depuis ce matin, je cours derrière les animaux !

– Un tournage ? Alors ces animaux sont des… faux ? questionne Martine.

– Bien sûr ! Ils ont été fabriqués pour le film *L'Arche de Noé* qui se tourne ici. Vous n'en avez pas entendu parler ? Allez voir le pauvre accessoiriste là-bas, il vous en dira plus.

Martine et Yann se dirigent donc vers l'homme assis sur les marches d'un petit kiosque. La tête entre les mains, il semble désespéré.

– Quel désastre, quel désastre ! répète-t-il sans cesse.

– Bonjour Monsieur, dit Martine. Pouvons-nous vous aider ?

– M'aider ? La tempête a dispersé tous les animaux que j'avais loués pour ce film. On ne les retrouvera jamais à temps pour le tournage…

– Bien sûr que si ! dit Martine. Mon cousin et moi, on va vous aider !

Yann et Martine se lancent alors dans un drôle de safari. Il faut dénicher toutes sortes d'animaux parmi les arbres et les buissons… et en seulement quelques heures !

– Là, sous la cascade ! lance Martine.

– Un ours ! Aide-moi à le sortir de l'eau !

Les gros animaux sont faciles à trouver. Mais les petits...

– Il faut regarder sous chaque feuille, soupire Yann. À nous deux, on n'y arrivera jamais !

– Le petit train ! s'écrie Martine. Si tous les passagers nous aident, les recherches iront plus vite !

Tout le monde accepte !

Sans attendre, les enfants se mettent à fouiller les moindres recoins de la forêt.

– Cherchez bien ! conseille Martine. Il manque des pélicans, des singes, des cochons…

–Une boule de poils roux
coincée sous une branche !
s'exclame Martine.
C'est un renard !
–Dégageons-le !
décide Yann.
–Heureusement qu'il est
faux… dit une petite fille,
venue les aider.

Mais quand Martine le prend dans ses bras,
elle s'étonne :
–Il est tout chaud ! Et tellement doux…

Hop !

Le renard saute des bras de Martine et s'enfuit à toutes pattes !

– C'était un vrai ! Quand je pense que je l'ai tenu contre moi...

Yann rit.

– Il nous reste à trouver un raton laveur et un fennec, dit-il en consultant la liste que lui a laissée l'accessoiriste. Voilà à quoi ils ressemblent, si tu n'en as jamais vu.

–Le voilà, accroché au pont ! s'écrie Yann en montrant le raton laveur quelques mètres plus loin. Je me demande comment il a atterri là…

–Pourvu qu'il ne dégringole pas… Sinon le courant l'emportera !

–Je n'ai pas le vertige, je vais essayer de l'attraper…

En quelques minutes, Yann a accompli sa mission !

Des enfants font signe aux deux cousins.

– Il y a quelque chose coincé dans ce filet ! Ici ! En haut du toboggan !

Martine escalade le pont de corde. La pente est très raide, mais elle n'a pas peur.

– C'est le fennec ! se réjouit-elle en découvrant l'animal à longues oreilles. Viens ici, mon petit, il est temps de rejoindre tes copains !

Pour descendre,
pas besoin de faire
demi-tour : il suffit
d'emprunter le grand
toboggan !
– Attention, je prends
mon élan… dit Martine.
À la une, à la deux,
à la trois !
Youhouuuu ! En moins
de cinq secondes,
tout le monde
est en bas !

L'immense bateau construit pour le film a retrouvé ses figurants.

– Tu vois, Patapouf, ils vont pouvoir le faire, ce film. Tous les animaux du monde sont là, dit fièrement Martine.

– Ouaf ! Ouaf ! s'indigne Patapouf.

– Oh ! Mais tu as raison… Pas de petit chien sur ce bateau ! Allez, tu en meurs d'envie, vas-y vite… Et fais un beau sourire à la caméra !

martine

et le prince mystèrieux

Texte de Jean-Louis Marlier

En place ! Silence... Action !
On tourne un film dans la belle ville de Venise. Patapouf et Martine ont été choisis comme figurants.

Le cinéma, c'est amusant... au début. Mais entre deux scènes, on s'ennuie très vite. Martine aurait préféré être là-bas, dehors, au bord de ces canaux où il y a tant à voir.

Pendant la pause, Martine descend flâner au bord de l'eau. Soudain...

– Eh, vous ! Pouvez-vous m'aider ? chuchote un garçon.

– Vous aider ? Mais comment ?

– Sautez dans la barque et ramez.

Martine obéit aussitôt.

– Merci, dit l'inconnu.
Vous venez de sauver
la vie du prince Pepino.
Mais ne restons pas ici.
Des bandits me
poursuivent.
Il faut attacher la barque
et s'éloigner encore.

« Un prince poursuivi par des bandits ? pense Martine. Quelle histoire ! »

Ils s'élancent alors à travers la ville, franchissent des ponts, des escaliers… il faut de bonnes jambes pour fuir dans Venise !

– Mais fuir qui ? demande Martine. Je ne les vois pas, moi, ces bandits !

Martine est inquiète. Pepino, lui, semble joyeux, comme s'il avait oublié la terrible menace.

De temps en temps, quelqu'un lui crie en italien : « *Buongiorno, Pepino !* » Et il répond d'un grand bonjour et d'un signe de la main.

– Pensez-vous que les méchants vous poursuivent encore ? lui demande Martine.

À cet instant, il se fige.

– Oui ! Ils sont là-bas ! murmure-t-il. Ils nous observent. Partons vite !

Les deux amis courent jusqu'à une grosse colonne.

– Vous les voyez toujours ? demande Martine en se cachant.

– Non, pour l'instant on est hors de danger. Mais restons sur nos gardes !

Sur la place, une petite fille regarde Martine avec émerveillement. « C'est vrai qu'avec mon diadème et ma jolie robe, je ressemble à une vraie princesse ! Justement, ça me donne une idée… »

– Pourquoi ne pas échanger nos vêtements, propose-t-elle à Pepino. Personne ne vous reconnaîtrait, habillé en fille !

Son ami devient tout rouge.

– Moi ? En robe ? Vous êtes folle ! Je suis un prince, enfin !

– Désolée, Pepino, je ne voulais pas vous vexer...

– Venez plutôt boire un chocolat chaud, dit le prince.

Il l'emmène dans le plus ancien café de Venise.

Un endroit magnifique !

– Zut, je n'ai pas assez d'argent, dit Pepino en comptant ses pièces. J'ai oublié mon or au palais...

Tous deux repartent donc sans rien boire.

« Drôle de prince... », pense Martine.

– Si vos ennemis sont si nombreux, pourquoi courir dans la ville ? Ce serait plus sûr de vous cacher !

– C'est que… je suis à la recherche de l'homme à plumes rouges ! confie Pepino. Lui seul pourra me protéger.

– Des plumes rouges ? Ce ne serait pas cet homme, là-bas ?

– Monsieur, monsieur ! crie Martine. Le prince a besoin de vous !

– Non, ce n'est pas lui, chuchote Pepino en la tirant en arrière. Il faut continuer nos recherches !

– Pas facile, de retrouver quelqu'un dans une ville aussi grande, soupire Martine. Surtout quand tout le monde est masqué !

– Et quand les méchants sont partout... ajoute Pepino.

– Là-haut, on nous observe ! murmure le garçon. Passons vite ce pont. Plus loin, nous trouverons peut-être...

– Prince, l'interrompt alors Martine. Je vous aime bien, mais je ne peux pas courir ainsi jusqu'à la nuit. Je dois m'occuper de Patapouf, et puis on va m'attendre.

Arrêté dans son élan, le prince semble d'abord ne rien comprendre.

– Vous avez raison, finit-il par dire tristement. Vous devez rentrer.

Sur le quai du Grand Canal, les deux amis s'approchent d'une gondole.

– L'aventure se termine pour ce soir, dit Pepino.

Au revoir...

– ... « Martine ». Mon prénom, c'est « Martine ».

– Au revoir, Martine !

Elle monte dans le bateau.

Pendant que la barque s'éloigne, le prince crie :

– À demain, Martine ! Je vous attendrai au même endroit.

On continuera nos recherches !

Martine sourit. Le gondolier dit alors :

– Ainsi, tu connais Pepino ? C'est mon petit frère !

– Votre frère ? Ce n'est pas... un vrai prince ?

– Tu sais, pendant le carnaval, tout le monde peut s'improviser une nouvelle vie... Pepino a beaucoup d'imagination, il inventerait n'importe quelle histoire pour s'amuser et se faire de nouveaux amis ! Il ne faut pas trop lui en vouloir.

Ce soir-là, deux amis rêvent sous les étoiles.

Patapouf pense à ses succès de cinéma, Martine à Pepino.

– Demain je te présenterai un prince, dit Martine.

– Un vrai prince ?

– Aussi vrai que toi, tu es un grand acteur !

martine
fait du théâtre

Quel temps, aujourd'hui !
Dehors, le vent souffle en rafales et les feuilles mortes s'envolent. Les parents de Martine se rendent chez des amis. Mais au bout de quelques pas, leur parapluie se retourne !
– Rentre te mettre à l'abri, Patapouf, disent-ils au petit chien. Martine et ses copains te tiendront compagnie.

Martine, Jean et leurs amis sont dans le grenier. C'est un endroit merveilleux pour jouer quand il fait mauvais. On y trouve des tas de vieux jouets.

– Regardez cette poupée endormie ! s'écrie Lison.

– Et ce cheval à bascule ! se réjouit Jean. Allez, hue ! Emmène-moi dans un royaume lointain !

– Venez voir ! appelle Martine. J'ai trouvé un coffre mystérieux !
– Il est lourd… constate Antoine. Je me demande bien ce qu'il y a dedans…
Il regarde par le trou de la serrure et Martine tente de soulever le couvercle.
– Le plus simple, ce serait de le déverrouiller ! dit Jean en brandissant une petite clé qu'il vient de ramasser par terre.

– Bravo, Jean !

Clic, clac ! Le coffre s'ouvre…

Des déguisements ! Il y en a des dizaines : des robes, des chapeaux, des foulards multicolores…

– J'ai une idée ! s'écrie Martine. Si on faisait un spectacle ? On serait une troupe de comédiens… Notre pièce pourrait raconter un magnifique conte de fées !

Tout le monde approuve.
– Puisque tu as eu l'idée, Martine c'est à toi de jouer la princesse, dit Lison en ajustant la belle robe rose à dentelles de sa cousine.
Martine, ravie, prend la pose en agitant élégamment un éventail. Pendant ce temps, les autres préparent le décor : Arthur transporte des sièges, Clara coud des rideaux, Jean fixe les planches de l'estrade…
Enfin, tout est prêt. Le grenier ressemble à un vrai théâtre !

Il est temps d'entrer en scène : l'histoire commence dans un vieux château.

– Tous les habitants sont plongés dans un sommeil de cent ans… raconte Martine. Comme dans *La Belle au bois dormant*.

Et les enfants, tout à leur rôle, font semblant de dormir. Certains laissent échapper un petit ronflement. Même Patapouf révèle son talent d'acteur…

Mais soudain…

– Je suis le prince Alban ! s'écrie Jean sur son cheval à bascule. Je reviens de la guerre et c'est à moi, maintenant, de régner sur le royaume ! Voilà deux jours que je galope à travers la forêt et les champs pour rejoindre ma princesse. J'arrive, princesse Martine ! Je cours vers toi !

À son arrivée, le cavalier ouvre doucement la porte.

– Où est la princesse ? demande-t-il.

En entendant la voix de son prince, Martine ouvre les yeux et s'étire.

– Je suis ici, dit-elle en se frottant les paupières.

Et comme par enchantement, tout le monde se réveille en même temps. Patapouf est tellement content de pouvoir enfin s'ébrouer… qu'il enchaîne les acrobaties !

– Princesse Martine, annonce Jean, maintenant que je suis le roi, tu deviens la reine !
Martine monte sur l'estrade et s'agenouille sur un coussin, comme dans les vrais couronnements.
Jean lui pose un diadème doré sur les cheveux d'un air solennel.
– Vive la reine ! acclament les autres.

– Il faut organiser un grand bal ! décide le roi.

Aussitôt dit, aussitôt fait ! Les enfants décorent la scène avec des guirlandes et des lampions.

– Tu tiens bien l'échelle, Antoine ? demande Jean.

– Oui, avec les deux mains ! Je ne laisserais pas Sa Majesté tomber de si haut…

Clara aussi rêve de porter une robe longue ornée de rubans.

Alors, pour le bal, elle se change en duchesse.

– Si on essayait les chapeaux ? propose Martine.

– Ils sont tous magnifiques… Lequel choisir ?

– J'aime bien celui-ci, avec des plumes d'autruche.

– Moi, je préfère cette capeline avec des boutons d'or.

Les garçons aussi complètent leur costume. Arthur ajoute une moustache à sa tenue de cuisinier.

– Ouaf ! Ouaf ! aboie le petit chien, qui veut participer.

– Mes hommages, cher docteur Patapouf… s'amuse sa maîtresse en glissant une paire de lunettes sur le museau du petit chien. Vous paraissez très savant ! Et si nous enrichissions votre tenue d'un joli flot ? Qu'en dites-vous ?

Que le bal commence !

– Je vais jouer un morceau à la flûte, annonce Antoine.

Je l'ai appris cette semaine à l'école.

Martine et Jean se donnent la main, tandis que les autres font la ronde et dansent en rythme autour d'eux…

Les confettis pleuvent. Martine en a plein les cheveux !
À force de faire des pirouettes, Patapouf s'est emberlificoté dans les serpentins ! Il en a trois autour du cou, un autre à la patte, et le dernier est accroché à sa queue…

– Ne bouge pas, dit Lison en s'accroupissant, je vais te libérer. Tu seras plus à l'aise pour danser !

Les festivités continuent au château.

Jean s'installe au piano et Antoine prend une guitare.

– En l'honneur de la princesse, voici un petit concert !

Do, mi, fa, sol, do…

Quelle jolie mélodie ! Les notes résonnent, l'assemblée est sous le charme. Patapouf, lui aussi, apprécie le récital. Il y prend part activement en tant que tourneur de pages de la cour !

La fête est finie, il est temps de partir.

– Votre Majesté, votre carrosse est avancé… annonce Jean.

Martine s'installe sur la banquette avec Lison et agite la main pour dire adieu à ses sujets.

– En avant ! crie Antoine. Au palais du roi et de la reine !

Rideau ! La pièce est terminée.

– Bravo, Martine, tu as été formidable ! la félicite Clara en enlevant son costume.

– La prochaine fois, on échangera les rôles, promet la fillette. Ce sera toi, la reine.

« Et moi, le roi ! » semble aboyer joyeusement Patapouf.

martine
la nuit de Noël

C'est les vacances ! Et dans quelques jours, ce sera Noël…

Dehors, tout est couvert de neige et les branches des arbres brillent de cristaux de glace. Neige et soleil : un temps idéal pour la luge !

– Un, deux, trois… C'est parti ! lance Papa.

– Youpiiiii ! crient les enfants, ravis.

Le soir, le père de Martine sort un album photo.

– J'ai toujours adoré la période de Noël, dit-il. L'hiver, la neige, le sapin...

– … Et l'étang gelé où nous allions patiner ! ajoute Maman.

– Tu les as toujours, tes patins ? demande Martine.

– Ils doivent être au grenier… Vous pouvez monter voir !

Dans le grenier, il fait sombre. Les enfants ne sont pas rassurés…

– Dépêchons-nous de chercher ! décide Martine.
En fouillant, ils dénichent des tas de vieilles affaires.
– Je me demande qui était ce vieux monsieur… dit Jean en observant un portrait.
– Un ancêtre, sans doute. Il a l'air drôlement sérieux… Mais lui aussi a dû jouer ici en attendant Noël !

Martine et son frère ont
beau chercher, les patins
sont introuvables.
Quelle déception !
La fillette s'imagine glissant
sur l'étang glacé, comme
sa maman au même âge.
« J'aimerais tellement savoir
patiner… pense-t-elle.
Il est peut-être encore temps de
commander des patins au Père Noël ? »

– Je vais téléphoner au Père Noël ! annonce Martine, le lendemain matin. Son numéro est dans le catalogue de jouets.

– Oui, le voici ! Il faut faire le 01 33 22 11 00...

Martine compose le numéro.

Pas de chance : c'est le répondeur.

Elle laisse tout de même un message :

– Bonjour, monsieur le Père Noël, je suis Martine.
J'aimerais recevoir des patins à glace cette année !

Martine vient de raccrocher quand des hurlements parviennent de dehors. C'est la voix de Gabriel…

– Venez vite ! Votre Patapouf va se noyer ! Il courait sur l'étang gelé… et la glace a craqué !

Le frère et la sœur se précipitent à l'extérieur, et sautent dans une barque.

– Tiens bon, Patapouf ! crie Martine en tendant une épuisette pour le repêcher.

Mais de retour sur la terre ferme, le petit chien ne bouge plus…

– Il a dû boire la tasse… déclare Gabriel. Il faut le mettre au chaud, et vite !

– Comment le sauver ? s'alarme Martine. Il est gelé… il risque d'attraper une pneumonie. Il nous faut de l'aide, et vite !

– Pas loin, il y a une grande maison ! dit Gabriel. C'est notre seule chance. Suivez-moi !

Arrivés devant la bâtisse, les enfants frappent à la porte.
– Ouvrez-nous, s'il vous plaît ! appelle Jean. Notre petit chien a perdu connaissance… Et il tombera très malade s'il se refroidit encore !
– Il n'y a personne… se désole Martine.
– Là-bas ! s'écrie soudain Gabriel. Une étable !

Par chance, la porte de l'étable est ouverte !
Les enfants entrent et Martine attrape une poignée de paille pour frictionner Patapouf. Au bout de quelques secondes…

« Ouaf… Ouaf… »

Le petit chien se réveille ! Martine le serre dans ses bras.

– J'ai eu si peur… dit-elle en l'embrassant.

Peu à peu, Patapouf
se rétablit. Il s'ébroue, fait
quelques pas chancelants...
Ça va déjà mieux.
– Elle est bizarre, cette étable...
constate alors Martine.
Regardez les animaux !
– On dirait des vaches...
avec de drôles de cornes, dit Jean.
– Mais non ! corrige Gabriel. Ce sont des rennes !
– Et derrière cette porte ?

– Waouh… font les enfants en chœur.

Il y a des jouets partout ! Des marionnettes, des poupées, des animaux en peluche… Tous sont rangés sur des étagères qui montent jusqu'au plafond !

– Certains même suspendus aux poutres… murmure Gabriel en levant la tête.

Et ce n'est pas tout !
Un peu plus loin se dresse
un château fort miniature,
avec des figurines
de chevaliers, de soldats
et de chevaux...
– Exactement ce que
j'ai demandé pour Noël...
souffle Jean, émerveillé.

Les enfants n'ont jamais vu autant de jouets.
Il y en a pour tous les âges, de toutes sortes et de toutes tailles !

– Vous avez vu ces peluches géantes ? s'exclame Jean. L'éléphant est tellement grand que je peux m'en servir comme fauteuil !

Les autres éclatent de rire en le voyant s'affaler !

– On se croirait chez un marchand de jouets, constate Martine. D'ailleurs, ces paquets sont prêts à être expédiés : ils portent des étiquettes !

– Celui-ci est adressé à « Adèle, Ferme des Acacias… » lit Jean. Et celui-là à « Léo, rue des Peupliers… ». Soudain, ils se figent. Sur l'étiquette suivante est écrit : « Pour Gabriel, allée des Jonquilles… »

La petite bande se précipite dehors.
– Vous pensez comme moi ? demande Martine, le cœur battant.
– Cette maison… acquiesce Jean. C'est celle du Père Noël !
– Personne d'autre ne doit savoir qu'il vit ici… conclut sa sœur. Il faut garder le secret ! Promis ?
– Oui ! jurent les garçons. Sur la tête de Patapouf !

Les jours suivants, les enfants s'occupent à la maison.

Martine tricote une écharpe pour son chien.

– Pour qu'il n'attrape jamais froid ! dit-elle en repensant à l'accident.

La nuit de Noël arrive enfin.

Martine et Jean se postent en haut de l'escalier dans l'espoir de voir le Père Noël.

Mais une nuit, c'est long… et les enfants finissent par s'endormir. Même Patapouf et Moustache ne résistent pas au sommeil !

Le lendemain matin, quand Martine ouvre les yeux…

– Le Père Noël est passé ! s'écrie-t-elle en découvrant les cadeaux.

Dans un paquet, elle trouve une lettre :

«Chère Martine,
Voici une paire de patins…
comme ceux de ta maman !
Joyeux Noël !
Père Noël»

Martine ne perd pas une minute !

Elle file à l'étang et s'élance sur la glace. Elle s'imagine déjà, glissant gracieusement comme sa mère. Un pas, deux pas et… Patatras ! Elle dérape et s'étale de tout son long !

– Je sais déjà ce que je demanderai pour Noël prochain… plaisante-t-elle. Des cours de patinage !

Retrouve martine dans d'autres aventures !

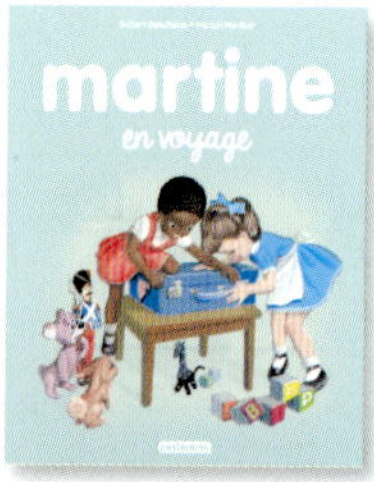

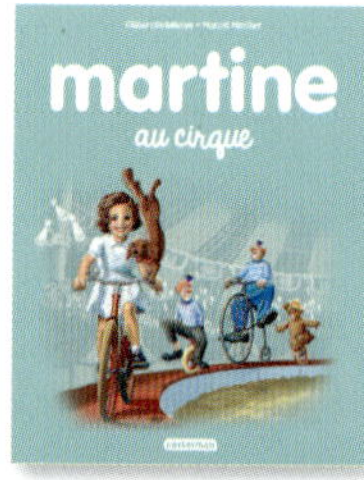

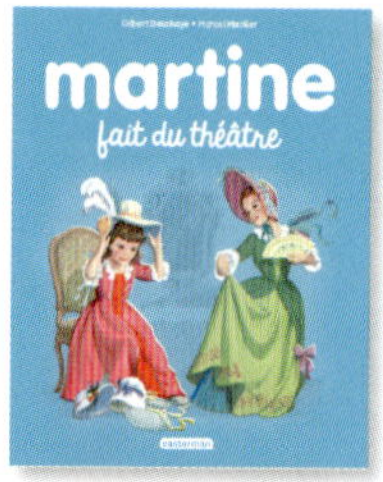

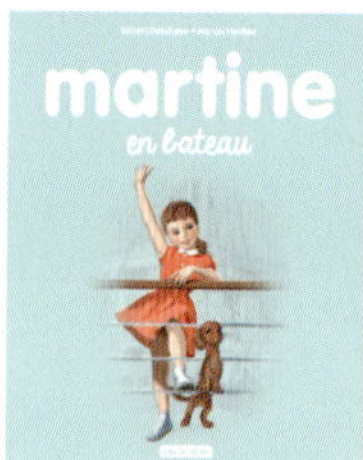

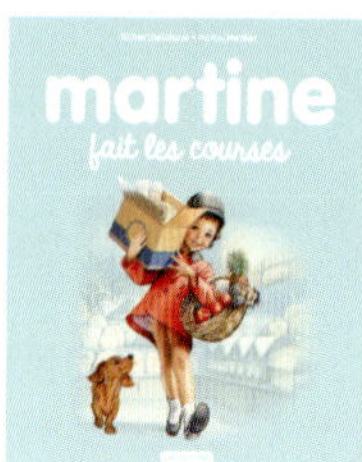

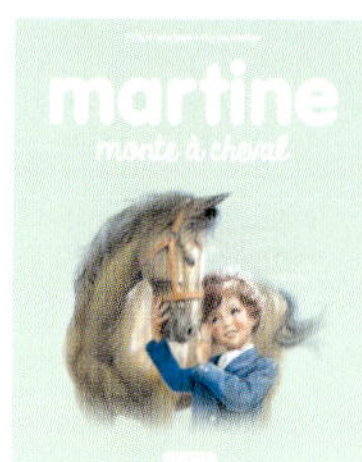

martine
au parc

martine
garde son petit frère

martine
fête son anniversaire
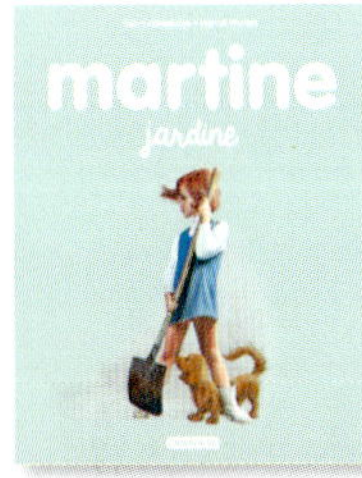
martine
jardine

martine
fait du vélo

martine
petit rat de l'opéra

martine
à la fête des fleurs

martine
fait la cuisine

martine
apprend à nager
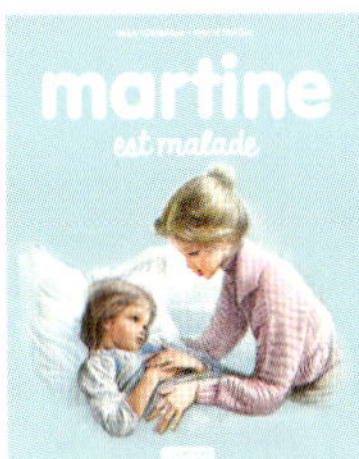
martine
est malade

martine
en vacances

martine
prend le train

martine
fait de la voile

martine
et le petit moineau

martine
et le petit âne

martine
fête maman

Et aussi :

33 - Martine en montgolfière
34 - Martine à l'école
35 - Martine découvre la musique
36 - Martine a perdu son chien
37 - Martine dans la forêt
38 - Martine et le cadeau d'anniversaire
39 - Martine et la sorcière
40 - Martine, un mercredi pas comme les autres
41 - Martine, la nuit de Noël
42 - Martine déménage
43 - Martine se déguise
44 - Martine et les chatons
45 - Martine et les lapins du jardin
46 - Martine à l'hôpital
47 - Martine baby-sitter
48 - Martine en classe de découverte
49 - Martine, la leçon de dessin
50- Martine au pays des contes
51 - Martine et les marmitons
52 - Martine prépare une surprise
53 - Martine, l'arche des animaux
54 - Martine, princesses et chevaliers
55 - Martine et les fantômes
56 - Martine, un amour de poney
57 - Martine, la dispute
58 - Martine, drôle de chien !
59- Martine protège la nature
60 - Martine et le prince mystérieux

Nouveautés :

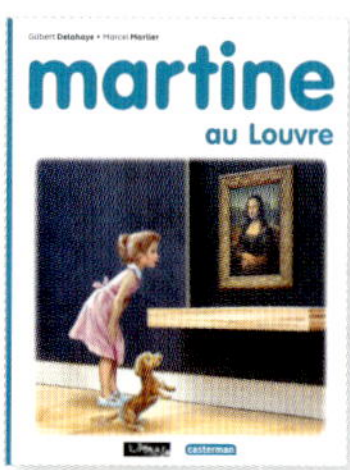

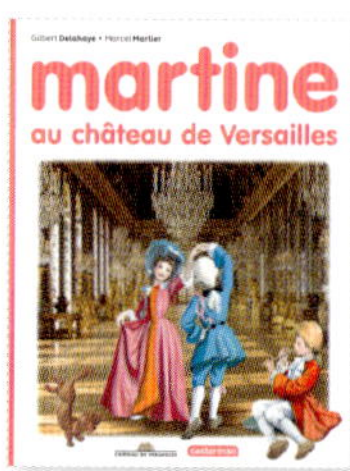